Basado en las historias de Pooh escritas por A. A. Milne
(copyright The Pooh Properties Trust)

SEGUNDA EDICIÓN

2003 EDICIONES GAVIOTA, S. L.
Manuel Tovar, 8
28034 MADRID (España)

ISBN: 84–392–1226-7
Depósito legal: LE. 189-2006
Printed in Spain – Impreso en España
EDITORIAL EVERGRÁFICAS, S. L.
Carretera León – La Coruña, km 5
LEÓN (España)

Disney

Winnie me enseña la

Amistad

Ediciones Gaviota

¿Alguna vez te has enfadado con tus mejores amigos? ¡Imagino que sí! Mis amigos del Bosque de los Cien Acres a veces vienen a pedirme consejo cuando no se llevan bien. Yo siempre digo que lo mejor del mundo es tener amigos de verdad, y como decía mi viejo tío Torbett: «Sólo un amigo de verdad es capaz de pedir perdón».

No te llevarás bien con tus amigos
si les quitas sus cosas.

Pero puedes hacer las paces con ellos
si se las devuelves.

No te llevarás bien con tus amigos
si destrozas algo que acaban de hacer.

Pero puedes hacer las paces con ellos
si les ayudas a volver a construirlo.

No te llevarás bien con tus amigos
si os peleáis.

Pero puedes hacer las paces con ellos
si les das un fuerte abrazo.

No te llevarás bien con tus amigos
si lo quieres todo para ti.

Pero puedes reconciliarte con ellos
si empiezas a compartir tus cosas.

No te llevarás bien con tus amigos
si te empeñas en mandar siempre.

Pero puedes hacer las paces con ellos
si también les escuchas.

No te llevarás bien con tus amigos
si les metes en líos.

Pero puedes hacer las paces con ellos
si les ayudas a salir de esos líos.

Cuando no te llevas bien con tus amigos
te sientes fatal...

... pero te sientes muy feliz
cuando te llevas bien y te diviertes.